电网拆除工程预算定额
使用指南

电力工程造价与定额管理总站 编

中国电力出版社
www.cepp.com.cn

内 容 提 要

《电网拆除工程预算定额》已由国家能源局批准发布并实施，为更好地配合其发布实施，定额编制组编写了《电网拆除工程预算定额使用指南》（简称本指南）。本指南对应《电网技术改造工程预算定额》的 3 个分册，即第一册电气工程、第二册送电线路工程和第三册通信工程的内容进行解释和说明。

本指南可供电网拆除工程施工、管理人员学习使用。

图书在版编目（CIP）数据

电网拆除工程预算定额使用指南 / 电力工程造价与定额管理总站编. —北京：中国电力出版社，2010.10（2014.10 重印）

ISBN 978-7-5123-0817-6

Ⅰ. ①电… Ⅱ. ①电… Ⅲ. ①电力系统－技术改造－预算定额－中国－指南 Ⅳ. ①F426.61-62

中国版本图书馆 CIP 数据核字（2010）第 169336 号

中国电力出版社出版、发行

（北京市东城区北京站西街 19 号 100005 http://www.cepp.com.cn）

航远印刷有限公司印刷

各地新华书店经售

*

2010 年 10 月第一版 2014 年 10 月北京第四次印刷

850 毫米×1168 毫米 32 开本 2.125 印张 50 千字

印数 13001—15000 册 定价 **15.00** 元

关于印发电网技术改造工程预算定额使用指南的通知

定额函［2010］48号

各有关单位:

为了在实际工程中应用好《电网技术改造工程预算编制与计算标准》、《电网技术改造工程预算定额》、《电网拆除工程预算定额》，合理确定工程造价，提高工作效率，科学维护工程建设各方的合法权益，电力工程造价与定额管理总站组织编写了《电网技术改造工程预算定额使用指南》、《电网拆除工程预算定额使用指南》（以下统称“使用指南”）。现予以印发。

本使用指南在工程应用中如发现问题或不当之处，请与我站联系，电子邮箱：yijian@cecm.info。

本使用指南由中国电力出版社出版发行。

附件：1.《电网技术改造工程预算定额使用指南》（另发）

2.《电网拆除工程预算定额使用指南》（另发）

电力工程造价与定额管理总站（印）

二〇一〇年十月十八日

前　　言

2010年8月，国家能源局以国能电力［2010］255号文批准颁布了《电网技术改造工程预算编制与计算标准》《电网技术改造工程预算定额》《电网拆除工程预算定额》（以下简称本套标准）。为了使电力技经人员更好地了解上述标准定额的编制背景、内容构成和工程量计算规则，准确理解定额的使用方法，合理确定工程造价，电力工程造价与定额管理总站组织编写了《电网技术改造工程预算编制与计算标准使用指南》《电网技术改造工程预算定额使用指南》《电网拆除工程预算定额使用指南》（以下简称“使用指南”），供相关人员在工作中使用。

使用指南详细介绍了本套标准的编制依据、工作内容、工作范围的界定以及在使用中的注意事项。内容涵盖了电网技改中电气工程、送电线路工程、调试工程、通信工程，电网拆除中电气工程、送电线路工程、通信工程等全部相关专业。

对使用指南的编写，国家能源局、电力工程造价与定额管理总站给予高度重视。本套标准颁布之初，总站即及时安排定额处牵头成立编写组。参加单位有广东省电力公司电力建设定额站、深圳供电局、深圳供电规划设计院有限公司、广州电力设计院、广东省电力设计研究院。在编写过程中，参编人员先后多次召开编写工作会议，认真听取专家意见，集思广议，精益求精，圆满完成了编写工作。

在此，我们谨对在本使用指南编写工作中付出辛勤劳动的各位同事和给予本项工作大力支持的各位领导和专家表示衷心感谢。

由于时间和水平所限，本使用指南难免有疏漏和不足之处，敬请读者批评指正。如有建议和意见，请将电子文稿发送至：yijian@cecm.info。

本使用指南由电力工程造价与定额管理总站定额处负责解释。

主要编制人员：任鹏亮　郭志新　马卫坚　赖启结
罗智丽　褚得成　钱玉媛　成　菲
高　乐　郭建伟　田进步　陈海涵
汪桢子　魏学春　郑永丽　戴莉萍
杨海歧　郑　光　李群胜　蔡相道
胡晓娟　蔡家明　刘刚刚　曹　灿

主要审查人员：张天文　赵　溪　张慧祥　吴宇宁
郭小龙　罗　涛　李　锐　曾　华
戴新胜　孟　淼

总　说　明

一、编制目的

现有的电力建设概预算定额体系一直是控制电力行业基本建设投资的有力依据，对电力行业基本建设投资起到了良好的管理作用。从项目全寿命周期成本控制的理论出发，一个完整的项目包括建设、使用、维护、报废4个环节。项目维护、检修的费用虽然没有形成新的固定资产，但在资金的使用量上，却经常超过新建项目的一次性投资。对于资金消耗比例较大的维护、使用等环节的资金使用，一直没有一套良好的定额与计价标准体系对其进行控制与管理。

原来的拆除工程，各地基本均按《电网工程建设预算编制与计算标准》中的余物清理费进行计算，一个专业的拆除工程均按一个系数进行计算，而没有按实际拆除工程的难易程度分别进行计算，计取费用时只计算到直接费，计费也不够完整。

本套定额正是基于上述原因，为了规范电力技术改造工程市场秩序、加强电网拆除工程造价管理，完善定额体系，统一计价标准，加强拆除工程项目资金的使用和管理而进行编制的。

二、编制工作组织

本套定额编制工作共分6个阶段：①策划阶段；②确定编制大纲；③材机库整理；④定额编制阶段；⑤定额水平测算；⑥确定表现形式。为了保证工作进程，以上几个阶段进行了合理的交叉搭接。

第一阶段：策划阶段，确定定额编制的组织单位，确定工作方案。本套定额于2009年7月初开始策划。策划之初，首先组织成立了编制工作的组织单位，即由电力工程造价与定额管理总站负责总体组织协调及成果审查，广东电网公司生产技术部负责具体编制工作的总体组织及最终成果的汇总成稿，并以深圳供电局、深圳供电规划设计院有限公司作为主编单位。2009年7月15～30日，编制完成了《电网技改和检修项目定额与费用计算标准研究工作方案》。

第二阶段：确定编制大纲。2009 年 8 月 25 日～9 月 20 日，各编制单位主要成员赴陕西省电力公司、浙江省电力公司、青海电力公司、天津市电力公司、重庆市电力公司进行了调研，取得了第一手的资料。在此基础上，编制单位主要成员编写完成了编制大纲。2009 年 10 月 12～22 日，组织召开编制大纲审查会，最终确定了编制大纲。

第三阶段：材机库整理。材机库的整理工作是由电力工程造价与定额管理总站会同各地专家组织进行的。此项工作于编制大纲确定的后期展开，并随着定额编制的进度不断修改，保证了材机库的合理、适用。工作组首先规范了材机名称、材机编码，并根据实际施工作业的情况淘汰了实际不再使用的落后的材机类别，增加了先进的材机类别，并根据最新的价格水平与全国各地实际水平，确定了各种材机价格，最终形成了 2009 年电力行业材机库。

第四阶段：定额编制阶段。2009 年 9 月 25 日，召开了编制工作启动会，通过了工作方案，明确了工作内容、进度安排、组织方式和人员分工，定额进入了具体的编制阶段。在编制过程中，编制组进行了广泛的调研工作，并收集资料、规范，充分考虑拆除工程的特点，确定具体定额子目的人工、材料、机械构成与消耗量。最后根据形成的材机库，完成了定额的上价工作。2010 年 1 月 5 日和 1 月 29 日，分别组织召开了内部审查会与外部审查会，与会专家就送审稿提出了进一步修改意见和建议。最后，编制组根据这些意见和建议完成了定额的修改工作。

第五阶段：定额水平测算。2009 年 12 月底，编制组在定额编制的后期即开始了对本套定额的实用性和价格水平的测算工作。鉴于以前没有相近的定额及计价标准作为依据，定额的测算主要通过与实际结算资料的对比进行的。编制组首先收集了广东电网公司深圳供电局、中山供电局、佛山供电局等各市局的大量检修工程结算资料，并在各市局生技部结算负责人、项目实施专业工程师的配合下，筛选了结算价格比较合理的典型工程资料。在下一步的测算中，对于测算与实际结算不相吻合的情况，编制组在各市局生技部结算负责人、项目实施专业工程师的协助下，或分析原因找出差距，或调整定额水平，以保证定额各方面的合理性。内部审查会结束后，编制组扩大范围在全国各地选取了一些典型工程，进一步通过工程实测验证定额与费用计算标准的实用性和价格水平。

第六阶段：确定表现形式。定额采取量价合一的表现形式，既表现定额基价与人工、材料、机械价格，同时也表现定额的人工、材料、机械消耗量。另外，定额人工工日分为技工工日、普工工日，更能反映实际的工日消耗，材料消耗量分为定额计价材料与未计价材料消耗量。定额子目编码采取沿用已久的 4 层制编码，即“定额类别编码，专业代码，章节号—子目流水号”的编码形式。

三、编制原则

拆除工程是指对原有工艺系统的设备及附属系统进行部件拆除、清理，使之恢复原有功能或实现新增指标功能。

（1）在费用项目和内容上充分考虑了现行的国家相关法律、法规、国家各行政主管部门的行政规章。

（2）在编制原则和项目划分方面，充分考虑了项目管理模式和招投标工作模式。

（3）在此基础上，结合当前电力体制下，电网拆除工程参建各方在工程过程中所承担的职责、任务、以及各种类型项目管理模式的不同特点，对各项内容进行了认真调研和反复推敲、测算，设置了电网拆除工程的基本框架和内容，并且按照国家和电力行业规定的标准格式，在内容编排上进行了统一规范，体现了拆除工程预算编制体系的适用性和时效性。

（4）本套定额是按国内大多数施工企业采用的施工方法、机械化程度和合理劳动组织进行制定的。

（5）本套定额考虑的施工条件：

1）按照拆除工程合理的施工组织设计、机械配备以及合理的工期与正常的工作条件制定；

2）按照正常的气候、地理条件和工作环境制定。

四、有关问题说明

（1）本套定额中凡采用“××以内”或“××以下”者均包括“××”本身，凡采用“××以上”或“××以外”者均不包括“××”本身。

（2）本套定额对部分材料及机械名称、规格作了简化或合并，以“综合”表示。如定额材料中的型钢，实际使用可能是角钢，也可能是槽钢等，规格也不尽相同，但因其价格基本相同，故在定额中采用“型钢 综合”来表示。

（3）本套定额中对费用比重较小的消耗性材料和机械，以“其他材料费”和“其他机械费”表示。

（4）工程量的计算应以设计的施工图纸及说明规定采用的标准图集和通用图集、经批准的施工组织设计和施工方案、措施和有关施工及验收技术规程为依据。

（5）工程量的计算其计算内容与预算定额所包含的工作内容和定额的适用范围相一致。

（6）工程量的计算单位应该与预算定额的计算单位相一致。计量单位的小数点取舍规定如下：

1）凡以“台”“面”“个”“项”等自然单位为计量单位的项目，应取整数位；

2）凡以“t”为计量单位的项目，“t”以下取三位小数，其后数字按四舍五入法取舍；

3）凡以“m”、“m^2”、“m^3”为计量单位的项目，均取两位小数，其后数字按四舍五入法取舍。

（7）工程量计算凡涉及材料的容积、密度（比重）等换算时，应以国家现行标准为依据，如未做规定时，应以产品说明书为准。

（8）本套定额未考虑拆除后材料回收残值的因素。

（9）本套定额是对《电网技术改造工程预算定额》的补充，其他工程可参照执行。

目　　录

第一册　电气工程

第二册　送电线路工程

第三册　通信工程

第一册 电气工程

册　说　明

一、编制依据

本册定额是根据国家和国家有关部门发布的设计标准、技术规程、规范、质量评定标准和安全技术操作规程以及相关的作业指导书，按拆除工程的施工条件及施工组织设计进行编制的。

二、编制原则

1．本册定额考虑的工作内容

（1）进场及开工前的准备，场地清理，工作票、措施票的开具；

（2）拆除区域安全警戒设施的设置；

（3）脚手架搭拆；

（4）拆除设备及其附件的包装；

（5）拆除设备的站内运输及堆放；

（6）完工后的清理。

2．本册定额内不包括的工作内容

（1）拆除设备的站外运输；

（2）拆除设备的修复。

3．本册定额人工数量确定原则

（1）定额中每个工日按 8h 工作制计算；

（2）定额工日消耗量中已包括安全监护用工，以及因施工场地狭小、临近设备带电而引起的人工、机械降效。

4．本册定额材料数量确定原则

（1）拆除定额中的材料用量已包括运输损耗和施工过程中的损耗；

（2）对周转性材料如枕木、脚手架等均按摊销量计列。

5．本册定额机械数量确定原则

（1）定额中的机械是按正常合理的机械配备综合取定的，如实际与定额不一致时，除另有说明外，均不作调整；

（2）定额中未包括单位价值在 2000 元以内、使用年限在 2 年以内的不构成固定资产的工具、用具。

三、定额结构

本册定额共分变压器，配电装置，绝缘子、母线，控制保护屏、低压电器及自动化系统，蓄电池，电缆，照明及接地共 7 章 691 条定额子目。定额内容包括总说明、章节说明、定额项目表等，适用于 35～750kV 电网变电拆除工程。

总说明是对拆除工程预算定额体系的构成、编制原则以及本套定额体系共性问题进行的说明。册说明是对本册定额适用范围、编制依据以及本册定额共性问题进行的说明。章节说明是对本章节内容范围、未包括内容、工程量计算规则、定额使用及调整等问题进行的说明。各章名称及子目统计见表 1-1。

表 1-1　　各章名称及子目统计表

章　名　称	子　目　数	备　注
第 1 章　变压器	97	
第 2 章　配电装置	224	
第 3 章　绝缘子、母线	131	
第 4 章　控制保护屏、低压电器及自动化系统	89	
第 5 章　蓄电池	23	
第 6 章　电缆	90	
第 7 章　照明及接地	37	
合计	691	

四、定额水平

1．价格水平取定原则

本册定额的人工包括基本用工和其他辅助用工。分为普通工和技术工，分别以普工工日和技工工日表示。

普工工日单价为 34 元/工日，技工工日单价为 53 元/工日。

计价材料单价按照“2009 年电力行业材机库”价格取定。

机械台班单价按照“2009 年电力行业材机库”价格取定。

2．本册定额项目设置与消耗量水平

定额项目设置反映实际工程情况，充分考虑电网拆除工程的实际工艺特点、工程设计及现场施工条件，在此基础上取平均水平。

3．本册定额实际测算水平

通过实际测算，拆除工程定额与基建工程预算定额相比，拆除工程定额总体上与基建工程预算定额的比例为 46.65%，其中一次部分的比例为 43.33%，二次部分的比例为 57.44%。拆除工程定额充分反映了拆除工程的施工特点与目前人工、材料、机械价格水平。

五、定额的使用范围及作用

本册定额针对 35～750kV 电网拆除工程特有内容进行编制，适用于 35～750kV 变电站（开闭所）内电气设备的拆除工程。

本册定额所指电压等级为变电站（开闭所）的最高电压等级，35～750kV 的变电站（开闭所）内的其他电压等级设备及二次设备的拆除仍执行本册定额。

本册定额是拆除工程预算编制的依据，也是标底编制和投标报价、工程结算的参考依据。

六、有关问题的说明

（1）本册定额的拆除分为保护性拆除与破坏性拆除两种。保护性拆除指拆除后主要材料、设备可进行重复使用或利用的拆除工程，破坏性拆除指拆除后的主要材料、设备不进行重复使用或利用而作为废品处理的拆除工程。拆除后的材料、设备是否可重新利用应由相关质检部门最终检测、评估后确定。本册定额中未包含拆除后的材料、设备鉴定费用。

（2）本册定额中的拆除一般指保护性拆除，当实际为破坏性拆除时具体调整见各章节说明。

（3）当同一设备套用定额有 2 个及以上调整系数时，所有的调整基数均以定额基价为基数，且各系数之间关系为相加关系，不得相乘。

第1章　变　压　器

一、主要内容

本章定额主要包括电力变压器拆除、高压电抗器拆除、消弧线圈拆除、变压器有载分接开关在线净油装置拆除。分为5个小节，共97个子目。

本章定额不包括变压器防地震措施的拆除，端子箱、控制柜的拆除。如实际发生时，应执行相关定额。

二、适用范围

本章定额适用于35～750kV电网技改拆除工程的各种油浸式、干式电力变压器拆除，高压电抗器拆除，消弧线圈拆除，变压器有载分接开关在线净油装置的拆除。

本章定额中的电力变压器拆除包括三相变压器拆除、单相变压器拆除、干式变压器拆除、油浸式变压器的拆除。本章定额中的变压器拆除同样适用于自耦变压器拆除、整流变压器拆除。自耦变压器拆除、整流变压器拆除执行本定额时，应根据本章说明中定额使用及调整的相关规定进行调整。

本章定额中的电抗器拆除，仅指高电压等级的电抗器拆除。对于干式空心电抗器、混凝土柱式电抗器的拆除，应执行本册定额第2章相关定额子目；对于干式铁芯电抗器拆除，可执行本章定额干式变压器拆除定额子目；对于低电压等级油浸式电抗器，可执行相同电压等级、同容量的变压器拆除定额子目。

三、定额子目的工作内容说明

（1）变压器拆除定额中不包括变压器设备本体的金属软管拆除、电缆拆除。

（2）变压器拆除定额中包括了变压器拆除后为了防止主变压器绕组受潮或便于保存等原因而进行的注油。

四、其他需说明的问题

本章定额中设备拆除指保护性拆除。当实际拆除为破坏性拆除时，定额乘以系数 0.50。

第 2 章 配 电 装 置

一、主要内容

本章定额主要包括断路器拆除、隔离开关拆除、电流互感器拆除、电压互感器拆除、避雷器拆除、电容器拆除、熔断器与电抗器拆除、阻波器拆除、成套高压配电柜拆除、箱式变压器拆除、中性点接地成套装置拆除、设备在线监测装置拆除。分为 13 个小节，共 224 个子目。

本章定额的设备拆除均不包括相关铁件的拆除（设备本身附带的支座等除外），如实际发生，应执行相关定额。

二、适用范围

（1）断路器拆除。

1）本章定额中的断路器拆除包括少油断路器、多油断路器、真空断路器、SF_6 断路器、封闭组合电器拆除。

2）复合式组合电器（HGIS）拆除同样适用于空气外绝缘高压组合电器（COMPASS）拆除。但空气外绝缘高压组合电器（COMPASS）拆除执行复合式组合电器（HGIS）拆除定额时，应根据本章章节说明中定额使用及调整的相关规定进行调整。

3）本章定额中的 SF_6 全封闭组合电器（GIS）套管拆除同样适用于复合式组合电器（HGIS）、空气外绝缘高压组合电器（COMPASS）的套管拆除。

（2）隔离开关拆除。

1）本章定额中的隔离开关拆除定额中除包括隔离开关、接地开关拆除以外，还包括敞开式组合电器拆除。

2）本章定额中的隔离开关拆除同样适用于负荷开关拆除，但负荷开关拆除执行本章定额时，应根据本章说明中定额使用及调整的相关规定进行调整。

（3）电流、电压互感器拆除同样适用于电子式电流、电压互感器拆除，电子式电流、电压互感器拆除执行本章定额时，应根据本章说明中定额使用及调整的相关规定进行调整。

（4）本章定额避雷器拆除中的 GIS 避雷器拆除仅在单独拆除避雷器时适用，SF_6 全封闭组合电器（GIS）出线间隔、TV 间隔拆除已综合考虑了同时拆除的间隔中配套避雷器拆除，不得另行套用 GIS 避雷器拆除定额子目。

（5）电容器拆除。

1）本章定额中的电容器拆除包括移相电容器、耦合电容器、集合式并联电容器拆除。

2）本章定额中的集合式并联电容器拆除定额子目综合考虑了密集型并联电容器、集合式并联电容器的拆除。对于浸渍型并联电容器、金属化膜式低压并联电容器、串联电容器、交流滤波电容器、并联成套补偿装置的电容器的拆除，均应根据电容器的单体重量执行移相电容器的拆除子目（但并联成套补偿装置电容器采用密集型、集合式并联电容器时除外）。

3）移相电容器(80kg 以下)拆除定额子目综合考虑了 50kg 以上各种形式移相电容器的拆除。

（6）本章定额中的熔断路拆除定额子目仅指单体安装的高压熔断器拆除，不适用于其他设备附属配套的熔断器及低压熔断器的拆除。

（7）本章定额中的电抗器拆除定额子目，仅指干式空心、混凝土柱式等干式电抗器的拆除，对于其他形式的电抗器的拆除的定额套用，详见本册指南第 1 章相关说明。

（8）设备在线监测装置综合考虑了目前行业内使用比较广泛的各种形式的设备在线监测装置的拆除，如局部放电（包括主变压器和 GIS）在线监测、主变压器中性点直流分量在线监测、容性设备监测装置等。对于形式、安装工艺相差较大的在线监测装置的拆除，可根据具体形式、安装工艺执行其他相近定额。

三、定额子目的工作内容说明

（1）本章定额中充油配电设备的拆除，均包括设备拆除后绝缘油的注油。

（2）SF_6全封闭组合电器（GIS）、复合式组合电器（HGIS）、空气外绝缘高压组合电器（COMPASS）拆除定额中不包括设备本体间的金属软管拆除、电缆拆除。

（3）隔离开关拆除定额中只包括了与隔离开关配套供应的闭锁、联锁装置的拆除，未包括为了保证操作安全而另外加装的闭锁、联锁装置的拆除。

（4）滤波器的拆除定额中包括了滤波器本体及与之配套的单极闸刀的拆除。

（5）干式电抗器拆除定额中已包括了底座绝缘子的拆除，不得另外再套用绝缘子拆除定额。

（6）成套高压配电柜拆除定额中已经包括了柜内母线、柜间连接母线拆除，但未包括柜间连接电缆的拆除。

（7）箱式变压器拆除、集装箱式配电室的拆除定额中不包括进出箱的一、二次电缆拆除，同时也不包括进出箱的母排的拆除。

（8）本章定额中的中性点接地成套装置拆除定额子目已包括了成套装置内相关设备的拆除，不应另外再套用其他设备拆除定额子目。

（9）本章定额中的 SF_6 气体在线监测装置拆除定额未包括探头与本体之间的管、线拆除。如实际发生时，应执行其他相关定额。

四、定额子目工程量计算规则的说明

（1）断路器拆除以“台”为计量单位，三相为一台。

（2）SF_6全封闭组合电器（GIS）拆除以“间隔”为计量单位，以三相为一个间隔进行计量。

（3）SF_6全封闭组合电器（GIS）进出线筒拆除主要指 SF_6全封闭组合电器（GIS）母线的拆除，母线长度的计算应根据实际拆除的数量进行计算，但相应间隔本身的母线拆除已包括在间隔拆除定额中，不得另行计算。

（4）复合式组合电器（HGIS）拆除以“台”为计量单位，三相为一台，以断路器个数进行计量。

五、其他需说明的问题

本章定额中设备拆除指保护性拆除，当实际拆除为破坏性拆除时，定额乘以系数 0.50。

第3章　绝缘子、母线

一、主要内容

本章定额主要包括绝缘子（绝缘子串）拆除，穿墙套管拆除，软母线拆除，硬母线拆除，引下线拆除，跳线及设备连接线拆除，母线伸缩节头拆除，母线热缩管、热缩盒拆除。分为14个小节，共131个子目。

本章定额未包括设备、设施的支架、铁构件拆除，发生时执行本册相应定额。

二、适用范围

本章定额适用于35～750kV电网技改拆除工程的悬垂绝缘子拆除，户内外支持绝缘子拆除，穿墙套管拆除，软母线拆除，引下线、跳线及设备连接线拆除，组合软母线拆除，带形铝母线拆除，母线伸缩节头拆除，槽形母线拆除，管型母线拆除，10kV共箱母线拆除，电缆母线拆除，低压封闭式插接母线槽拆除。

（1）本章定额中的悬垂绝缘子串拆除适用于提挂跳线、引下线或设备连接线等所用的绝缘子串拆除，包括悬挂式阻波器的悬垂绝缘子串拆除，但不适用于耐张绝缘子串的拆除。

（2）本章定额中的带形母线、槽形母线、支持式管型母线均不包括支持绝缘子拆除及铁构件拆除，应分别按实际拆除数量套用本册相应定额。

（3）本章定额中的带形母线拆除同样适用于带形母线引下线、设备连接线的拆除。

三、定额子目的工作内容说明

（1）耐张绝缘子串的拆除已包括在软母线拆除定额中，不得另外套用其他定额。

（2）绝缘管形母线拆除中已包括了母线、母线支持件、穿通板以及与两端设备的连接接头的拆除，不得另外套用其他定额。

（3）组合软母线拆除定额中未包括组合软母线两端的铁构件

拆除和支持绝缘子、带形母线的拆除，发生时执行本册相应定额。

（4）10kV 共箱母线拆除定额已综合考虑了箱内绝缘子、母线的拆除，使用时不得另外套用其他定额。

四、定额子目工程量计算规则的说明

（1）本章定额中穿墙套管拆除已综合考虑了干式、充油式套管两种形式，但实际形式不同时不作调整，均以“个”为计量单位计算。

（2）本章定额中的软母线指直接由耐张绝缘子串悬挂部分，按电压等级和软母线截面分别以“跨/三相”为计量单位计算。跨距根据典型设计综合考虑，跨距不同时，不得调整。

（3）引下线、跳线及设备连接线拆除。

1）本章定额中的软母线引下线，指由 T 形线夹或并沟线夹从软母线引向设备的连接线，以“组/三相”为计量单位。计算时应以本组引线的起、止端点进行计算。

2）软母线经终端耐张线夹引下（指不经 T 形线夹或并沟线夹引下）与设备连接的部分，需执行引下线定额。

3）当引下线、跳线及设备连引线为单相时，按相同电压等级、相同规格引下线、跳线及设备连引线拆除定额乘以 0.33 的系数；当引下线、跳线及设备连引线为两相时，按相同电压等级、相同规格引下线、跳线及设备连引线拆除定额乘以 0.67 的系数。

4）两跨软母线间的跳引线拆除，以“组”为计量单位，以三相为一组。不论两端的耐张线夹是螺栓式或压接式，均执行软母线跳线定额。

（4）组合软母线拆除以三相为一组计算。跨距（包括水平悬挂部分和两端引下部分之和）按 45m 考虑，跨度不同时，定额不作调整。

（5）共箱母线分别按导体的截面和数量及外保护壳的大小尺寸以“m”以计量单位计算，长度按共箱母线的中轴线长度计算。

（6）电缆母线箱式通道拆除以“100m”为计量单位，长度按通道的中轴线长度计算。箱内电缆母线拆除以“100m”为计量单位。

（7）低压（指 380V 以下）封闭式插接式母线槽拆除分别按导体的额定电流大小以“m”为计量单位套用定额，长度按母线的中轴线长度计算。分线箱拆除按电流大小以“个”为计量单位，并按设计数量计算。

五、其他需说明的问题

（1）本章定额中的 10kV 共箱母线拆除定额子目指由生产厂家成套供货的母线桥。如果母线桥为现场自行加工制作的，其铁件、绝缘子、母线拆除应分别套用相应定额。

（2）本章定额中除母线热缩管、热缩盒拆除按照破坏性拆除考虑外，其余设施均按保护性拆除考虑。

（3）对于本章定额中保护性拆除的设施，当实际拆除为破坏性拆除时，定额乘以系数 0.5。

第4章　控制保护屏、低压电器及自动化系统

一、主要内容

本章定额主要包括控制、继电保护屏拆除，直流屏拆除，自动化系统设备拆除，数字化变电站二次设备拆除，低压电器拆除，铁构件拆除。分为9个小节，共89个子目。

二、适用范围

本章定额适用于35～750kV电网技改拆除工程的控制保护屏拆除，直流充电馈线屏拆除，自动化系统拆除，数字化变电站二次设备拆除，端子箱、屏边拆除，表盘装置插件、附件拆除及二次配线、接线拆除，穿通板拆除，低压电器设备拆除，铁构件拆除。

（1）本章定额中的直流接地检测仪拆除适用于单独组屏的直流接地检测仪拆除，对于直流接地检测仪安装在其他直流屏（直流充电、馈电屏等）时，不应再重复计算。

（2）自动化系统拆除。

1）本章定额中的自动化系统设备拆除包括自动化屏拆除、自动化主站设备拆除两部分。

2）本章定额中的自动化主站设备拆除仅适用于监控主站的设备拆除，当本章定额中有缺项时，应执行《电网拆除工程预算定额　第三册　通信拆除工程》相应子目。

（3）本章定额中的冷控箱拆除适用于单独安装的变压器冷控箱的拆除，对于变压器附带的冷控箱，已包含在变压器拆除中，不得重复计算。

（4）本章定额中的穿通板拆除适用于变压器、母线、电流互感器、抽头、穿墙套管、屏柜等处穿通板的拆除。

（5）本章定额中的端子接线拆除适用于屏柜的端子外部接线拆除，但电力电缆、控制电缆与屏柜端子的接线拆除已包括在电缆终端头拆除中，不得重复计算。

（6）铁构件拆除。

1）本章定额中的铁构件拆除除包括铁构件拆除、网门拆除外，还包括继电小室门的拆除。

2）本章定额中的铁构件拆除，分为一般铁构件拆除、轻型铁构件拆除。铁构件主要结构厚度在 3mm 及以下时执行“轻型铁构件”拆除定额，主要结构厚度在 3mm 以上时执行“一般铁构件”拆除定额。

三、定额子目的工作内容说明

（1）低压成套开关柜已综合考虑了各种进出线柜、联络柜、计量柜、电容器柜等的拆除，套用时不需调整。

（2）低压成套开关柜拆除定额中已经包括了柜内母线、柜间连接母线拆除，但未包括柜间连接电缆的拆除及母线桥的拆除。

四、定额子目工程量计算规则的说明

1．控制保护屏拆除

（1）继电保护屏的拆除已综合了多种类型、形式的保护屏，套用时不需换算与增减，可按屏面套用即可。

（2）模拟屏的拆除以“m^2”为计量单位进行计算。

2．表盘装置插件、附件拆除及二次配线、接线拆除

（1）端子接线拆除以“10 个”为计量单位。根据实际发生的屏柜端子外部接线拆除数量进行计算，如实际尚未能统计出准确数量时，可参照定额章节说明中“屏（柜）端子数量参考表”进行计算，但计算时应扣除电缆终端头拆除已包括的端子接线拆除数量。

例如：拆除某 110kV 线路保护屏，同时拆除连接保护屏的控制电缆 4 根，电缆型号为 ZR-KVVP2–22–8×1.5，根据“屏（柜）端子数量参考表”计算该屏端子接线拆除数量 M（单位 10 个）为

$$M=(80-8\times4)/10=4.8$$

（2）对于屏柜的二次回路配线拆除，应按实际拆除数量计算定额工程量。

3．铁构件拆除

（1）铁构件拆除以“t”为计量单位，按实际拆除的成品重量

计算。

（2）设备基础槽钢、角钢拆除以“m”以计量单位，按“延长米”计算。

（3）网门（保护网）拆除以“m^2”以计量单位，按实际拆除的网门（保护网）的外围尺寸计算。

五、其他需说明的问题

（1）本章定额中除铁构件拆除按照破坏性拆除考虑外，其余设施、设备均按保护性拆除考虑。

（2）对于本章定额中保护性拆除的设施，当实际拆除为破坏性拆除时，定额乘以系数 0.50。

（3）当铁构件实际拆除为保护性拆除时，定额乘以系数 1.45。

第5章　蓄　电　池

一、主要内容

本章定额包括蓄电池支架拆除，铅酸蓄电池拆除，碱性蓄电池拆除。分为3个小节，共23个子目。

二、适用范围

本章定额中的蓄电池拆除分为铅酸蓄电池、碱性蓄电池两种形式。

三、定额子目的工作内容说明

蓄电池拆除定额中已综合考虑了连接件等附件的拆除，不应再重复计算；但定额中未考虑蓄电池抽头电缆及其保护管的拆除工作，应按相应定额另行计取。

四、定额子目工程量计算规则的说明

（1）蓄电池支架拆除应根据规格按支架“延长米”计算。

（2）铅酸蓄电池和碱性蓄电池拆除，分别按整组容量大小以“个”为计量单位，按实际拆除的蓄电池数量计算工程量。

五、其他需说明的问题

本章定额中设备拆除指保护性拆除，当实际拆除为破坏性拆除时，定额乘以系数0.50。

第 6 章　电　　缆

一、主要内容

本章定额主要包括桥架、托盘、槽盒拆除，电缆保护管拆除，电缆拆除，电缆头拆除，电缆防火设施拆除。分为 8 个小节，共 90 个子目。

本章定额未包括隔热层、保护层的拆除，实际发生时应按照相应定额执行。

本章定额未包括人工开挖路面，直埋电缆沟挖填土，电缆沟揭（盖）盖板，实际发生时应按照相应定额执行。

本章定额中的电力电缆头拆除分为中间头、终端头两种，并分别分为环氧树脂浇注式、辐射交联热（冷）收缩两种形式，其中电缆终端头又分为户内与户外两种方式。定额中的控制电缆头拆除分为一般控制电缆头与屏蔽电缆头拆除两种。

二、适用范围

本章定额适用于35～750kV 电网技改拆除工程的桥架、托盘、槽盒拆除，电缆保护管拆除，电缆拆除，户内电缆终端头拆除，户外电缆终端头拆除，电力电缆中间头拆除，控制电缆头拆除，电缆防火设施拆除。

本章定额适用于变电站（开闭所）内 10kV 及以下的电力和控制电缆的拆除和电缆头拆除。定额中未包括站外（包括进站部分）10kV 电缆拆除及电缆头拆除，也未包括 35kV 电缆的拆除，实际发生时应按照相应定额执行。

三、定额子目的工作内容说明

（1）截面积 240mm^2 及以下单芯电缆拆除，按“电缆拆除单芯（截面积 630mm^2 以内）定额”乘以系数 0.66。

（2）10kV 电力电缆终端头、中间头的拆除按照三芯考虑。对于截面积 240mm^2 以上单芯电力电缆终端头、中间头的拆除，应分别执行相应形式的 10kV（截面积 240mm^2）的电力电缆终端头、中间头拆除；对于截面积 240mm^2 及以下单芯电缆电缆头的拆除，可套用相应形式的 10kV（截面积 240mm^2）的电力电缆终端头、中间头拆除定额乘以系数 0.66。

（3）电缆桥架、托盘、槽盒的拆除定额均指生产厂家成套供应、现场安装的桥架、托盘、槽盒的拆除，当桥架、托盘、槽盒为现场加工配制的形式时，应执行第 4 章铁构件拆除定额。

（4）电缆支架的拆除执行第 4 章铁构件拆除定额。

四、定额子目工程量计算规则的说明

（1）电缆保护管拆除，按实际拆除长度计算工程量。

（2）电缆敷设按“延长米”计算，按实际拆除长度计算工程量。

（3）电缆防火包带以“100m”为计量单位，按设计的防火包带长度计算。

五、其他需说明的问题

（1）本章定额中桥架、托盘、槽盒拆除，电缆保护管拆除，电力电缆头拆除，电缆防火设施拆除按照破坏性拆除考虑，其余设施拆除按保护性拆除考虑。

（2）对于本章定额中保护性拆除的设施，当实际拆除为破坏性拆除时，定额乘以系数 0.50。

（3）当桥架、托盘、槽盒、电缆保护管、电力电缆头、电缆防火设施实际拆除为保护性拆除时，定额乘以系数 1.45。

第7章　照明及接地

一、主要内容

本章定额主要包括变电站内照明拆除、导线拆除，接地网、避雷网的设施拆除。分为7个小节，共37个子目。

本章定额只设置了设备照明与路灯照明，未包括变电站内所区照明的其他照明灯具拆除，照明拆除定额中也未包括照明配电箱的拆除及配电箱的电源电缆拆除与接线拆除，实际发生时均应按照相应定额执行。

本章定额接地网、避雷网的设施拆除包括了接地极拆除、接地母线拆除、避雷针接地引下线拆除、避雷网拆除。

二、适用范围

本章定额适用于35～750kV电网技改拆除工程的设备及路灯照明拆除，导线拆除，接地极拆除，户外接地母线拆除，户内接地母线拆除，避雷针接地引下线拆除，避雷网拆除。

三、定额子目的工作内容说明

（1）接地极拆除。

1）铜棒接地极拆除定额综合考虑了铜棒接地极、铜包钢接地极等各种铜质接地极的拆除，使用时不作调整。

2）离子接地极拆除定额包括离子阵列接地模块的拆除，但未包括离子接地阵列中接地网的拆除，应另外执行本章户外接地母线拆除。

（2）户内接地母线拆除综合考虑了户内、电缆沟内、电缆夹层与竖井内接地母线、汇流线的拆除，使用时不作调整。

四、其他需说明的问题

（1）本章定额中接地极拆除、接地母线拆除、避雷针接地引下线拆除、避雷网拆除按照破坏性拆除考虑，其余设施按保护性拆除考虑。

（2）对于本章定额中保护性拆除的设施，当实际拆除为破坏性拆除时，定额乘以系数 0.50。

（3）当接地极、接地母线、避雷针接地引下线、避雷网实际拆除为保护性拆除时，定额乘以系数 1.45。

第二册 送电线路工程

册 说 明

一、编制依据

本册定额是根据国家和国家有关部门发布的设计标准、技术规程、规范、质量评定标准和安全技术操作规程，按拆除工程的施工条件及施工组织设计进行编制的。

本册定额编制所依据的标准、规程、规范主要有：

1. 中华人民共和国国家标准

（1）GB 50173—1992　电气装置安装工程35kV及以下架空电力线路施工及验收规范

（2）GB 50233—2005　110～500kV 架空送电线路施工及验收规范

（3）GB 50168—2006　电气装置安装工程电缆线路施工及验收规范

2. 依据中华人民共和国电力行业标准

（1）DL 5009.2—2004　电力建设安全工作规程　第2部分：架空电力线路

（2）DL 453—1991　高压充油电缆施工工艺规程

（3）DL 409—1991　电业安全工作规程（电力线路部分）

（4）SDJJS 2—1987　超高压架空输电线路张力架线施工工艺导则

3. 参考中华人民共和国国家电网公司企业标准

（1）Q/GDW　112－2004　750kV 架空送电线路铁塔组立施工工艺导则

（2）Q/GDW　113－2004　750kV 架空送电线路张力架线施工工艺导则

（3）Q/GDW　115－2004　750kV 架空送电线路施工及验收规范

二、编制原则

1. 本册定额考虑的工作内容

（1）进场及开工前的准备，场地清理，工作票、措施票的开具；

（2）安装区域安全警戒设施的设置；

（3）施工完成后的恢复、清理。

2．本册定额人工数量确定原则

（1）定额中每个工日按 8h 工作制计算；

（2）定额工日消耗量中已包括安全监护用工，以及因施工场地狭小、邻近设备带电而引起的人工、机械降效。

3．本册定额材料数量确定原则

（1）拆除定额中的材料用量已包括运输损耗和施工过程中的损耗；

（2）施工过程中所用的周转性材料如枕木、脚手架等均按摊销量计列。

4．本册定额机械数量确定原则

（1）定额中的机械是按正常合理的机械配备综合取定的，如实际与定额不一致时，除各册另有说明外，均不作调整；

（2）定额中未包括单位价值在2000 元以内、使用年限在 2 年以内的不构成固定资产的工具、用具。

三、定额的结构

本册定额共分基础拆除工程，杆、塔拆除工程，导、地线拆除工程，附件拆除工程及电缆拆除工程等 5 个章节，共 379 条定额子目。定额内容包括总说明、册说明、章节说明、定额项目表等，适用于 35～750kV 电网送电线路拆除工程。

总说明是对拆除工程预算定额体系的构成、编制原则以及本套定额体系共性问题进行的说明。册说明是对本册定额适用范围、编制依据以及本册定额共性问题进行的说明。章节说明是对本章节内容范围、未包括内容、工程量计算规则、定额使用及调整等问题进行的说明。各章名称及子目统计见表 2-1。

表 2-1　　　　各章名称及子目统计表

章　名　称	子　目　数	备　注
第 1 章　基础拆除工程	6	
第 2 章　杆、塔拆除工程	61	
第 3 章　导、地线拆除工程	145	
第 4 章　附件拆除工程	94	
第 5 章　电缆拆除工程	73	
合计	379	

四、定额水平

1．价格水平取定原则

本册定额的人工包括基本用工和其他辅助用工。分为普通工和技术工，分别以普工工日和技工工日表示。普工工日单价为 34 元/工日，技工工日单价为 53 元/工日。

计价材料单价按照“2009 年电力行业材机库”价格取定。

机械台班单价按照“2009 年电力行业材机库”价格取定。

2．定额项目设置与消耗量水平

定额项目设置反映实际工程情况，充分考虑电网技术改造工程、拆除工程的实际工艺特点、工程设计及现场施工条件，在此基础上取平均水平。

五、定额的使用范围及作用

本册定额针对 35～750kV 电网拆除工程特有内容进行编制，适用于由送电端变电站（或发电厂）构架的引出线起至受电端变电站（构架或穿墙套管）的引入线止的 35～750kV 交流电力架空线路、±500kV 直流电力架空线路和 35～220kV 电力电缆线路的拆除工程。

本册定额是 35～750kV 拆除工程计划及预算编制的依据，也是标底编制和投标报价、项目结算的参考依据。

六、有关问题的说明

（1）本册定额对同一子目出现两种及以上调整系数时，定额调整办法做了明确说明“除章节内有具体规定外一律按增加系数累加计算。章节内有规定的，按章节规定执行”。

（2）送电线路拆除工程综合考虑了地形因素，使用时不另作调整。

（3）本册定额中的拆除工作均包含了拆除后的材料统一集中到现场堆放点的施工场内运输。而所拆除的设备、材料自拆除现场堆放地运至生产运营单位指定的统一储备仓库所发生的运输及装卸费用，则根据实际运输方式和运输方案执行《电网技术改造工程预算定额》，费用计入其他费中拆除物返库运输费项目中。

（4）《电网拆除工程预算定额　第二册　送电线路工程》定额中基础拆除工程按破坏性拆除考虑；其余章节除另有说明，均按保护性拆除考虑，如实际施工采取破坏性拆除则调整 0.56 系数。

保护性拆除指拆除后主要材料可进行重复使用或利用的拆除工程，拆除后的材料是否可重新利用由相关质检部门检测、评估后确定。本定额未考虑拆除后的材料鉴定费用。

破坏性拆除指拆除后的主要材料不进行重复使用或利用而作为废品处理的拆除工程。

（5）送电线路拆除工程施工中临时电源的设置（采用发电机）的费用在临时设施费中考虑，不另行计取。

第1章　基础拆除工程

一、主要内容

考虑拆除工程特定，本章定额包括基础混凝土拆除，护坡、挡土墙及排洪沟拆除。分为2个小节，共8条子目。

二、适用范围

本章适用于各种形式的基础混凝土拆除及护坡、挡土墙及排洪沟拆除。

三、定额子目的工作内容说明

（1）基础混凝土拆除。包括土方开挖，基础的拆除，回填，场地整理、工器具转移。

（2）护坡、挡土墙及排洪沟拆除。包括土方开挖，排水沟、挡土墙、护坡的拆除，回填，场地整理、工器具转移。

（3）基础混凝土拆除综合考虑了预制基础、现浇基础及桩基础等情况，在套用定额时不另作调整。

（4）挡土墙及排洪沟砌筑拆除分钢筋混凝土及素混凝土两种形式，毛石材质的按素混凝土标准套用。

（5）本章拆除工作已综合考虑了土方开挖工程量，不得重复计算。

（6）本章拆除工作按破坏性拆除考虑。

四、定额子目工程量计算规则的说明

1. 基础混凝土拆除

区分混凝土体积，以“m^3”为单位计算。

2. 护坡、挡土墙及排洪沟拆除

护坡、挡土墙及排洪沟拆除分钢筋混凝土及素混凝土两种形式，以“m^3”为单位计算。

第 2 章　杆、塔拆除工程

一、主要内容

本章包括混凝土杆拆除，混凝土杆钢环圈切割，钢管杆拆除，铁塔拆除，拉线拆除，铁塔附属设施拆除等。分为 6 个小节，共 61 条子目。

二、适用范围

本章考虑送电线路拆除工程特点，适用混凝土杆拆除（单、双根），混凝土杆钢环圈切割，钢管杆拆除（整根、分段），铁塔拆除，拉线拆除，杆塔附属设施拆除。

三、定额子目的工作内容说明

（1）混凝土杆拆除。包括工器具准备及转移、水泥杆拆除、场地清理。

（2）混凝土杆钢环圈切割。包括杆身支垫，杆身钢环连接处切割，工器具转移。

（3）钢管杆拆除。包括工器具准备及转移、钢管杆拆除、场地清理。

（4）铁塔拆除。包括工器具准备及转移、铁塔拆除、场地清理。

（5）拉线拆除。包括工器具准备及转移、拉线拆除、场地清理。

（6）铁塔附属设施拆除。包括工器具准备及转移、附属设施拆除、场地清理。

（7）杆、塔拆除按保护性拆除考虑，即拆除过程中不破坏杆、塔的结构及性能。

（8）拉线拆除按破坏性拆除考虑，即拆除过程中可破坏材料的结构。

（9）杆塔附属设施拆除包括铁塔休息平台，防坠落装置拆除等，亦按保护性拆除考虑。

四、工程量计算规则

1．混凝土杆拆除

（1）整根式混凝土杆拆除分为单杆和双杆，定额以“基”为计量单位计算；分段式混凝土杆定额分为单杆、双杆，按“每基重量”划分子目，以“基”为计量单位计算。其中每基重量是指杆身自重与横担、叉梁、脚钉（爬梯）、拉线抱箍等全部杆身组合构件的总重量，不包括底盘、拉盘、卡盘的重量。

（2）定额以杆型和组合重量的形式表示，已综合考虑了各种电压等级、结构形式、杆高和施工方法。使用时不再调整。

（3）工程中如有三联杆拆除，可按每根单杆重量套用相应单杆定额乘以 2.5 系数。

例如：单杆分段式重 3.5t 三联杆拆除的定额套用。

分析：套用定额子目 CX2-5，定额基价，包括人工费、材料费、机械费，均乘以 2.5 系数进行调整。定额调整结果见表 2-2。

表 2-2　　定额调整结果　　元

定额编号	项目名称	单位	基价	人工费	材料费	机械费
CX2-5	分段式每基重量（t）单杆 3.5 以内	基	344.78	189.7	4.29	150.79
CX-25 调	分段式每基重量（t）单杆 3.5 以内	基	861.95	474.25	10.73	376.98

（4）本定额不适用于组合杆重在 17t 或单杆高在 42m 以上的电杆拆除。如需要时，应按批准的施工组织设计另计。

2．混凝土杆钢环圈切割

定额按钢环直径以“个”为单位计算。

3．钢管杆拆除

定额分单杆整根式、单根分段式，定额按每基重量以“基”为单位计算。“每基重量”系指钢管杆杆身自重与横担、螺栓、爬梯等全部杆身组合构件的总重量。定额已综合考虑了各种电压等级、结构形式、杆高和施工方法，使用时不再调整。

4．铁塔拆除

定额按每基重量以“基”为单位计算。每基重量系指铁塔总

重量，计算公式为

$$铁塔总重量=\Sigma（铁塔本身所有的型钢、连板、螺栓、脚钉、爬梯等） \quad (2-1)$$

本节定额对直线塔与耐张转角塔、自立塔与拉线塔作了综合考虑，不另作调整。

本定额不适用于铁塔重在 200t 以上的铁塔拆除。如实际发生，应按批准的施工组织设计另计。

铁塔拆除是按目前经常使用的角钢塔型考虑的，对紧凑型铁塔、钢管塔拆除未单独增列子目。因紧凑型铁塔上部拆除时比目前经常使用的角钢塔困难，因此紧凑型铁塔、钢管塔拆除时按相应的铁塔拆除定额以人工、机械乘以 1.1 系数。

例如：ZMG-24 型钢管塔拆除，铁塔总重量为 8.87t，可以“定额子目 CX2-36”为基数乘以 1.1 系数进行调整。定额调整结果见表 2-3。

表 2-3　　定额调整结果　　元

定额编号	项目名称	单位	基价	人工费	材料费	机械费	备注
CX2-36	铁塔拆除，每基重量（t）9 以内	基	2382.2	2006.33	21.21	354.66	调整前
CX2-36 调	铁塔拆除，每基重量（t）9 以内	基	2597.09	2206.96	21.21	390.13	调整后

5．拉线拆除

定额按拉线截面以“根”为单位计算。适用于单根拉线的拆除，若拆除 V 形、Y 形或双拼拉线时，应按 2 根计算。

拉线的拆除按破坏性拆除考虑，且不含地面以下材料的拆除。

6．铁塔附属设施拆除

定额按拆除的附属设施重量以“t”为单位计算。

第3章　导、地线拆除工程

一、主要内容

本章包括光缆、导线、避雷线拆除，拆除过程中光缆、导线、避雷线跨越架设，耦合屏蔽线拆除，拦河线拆除。分为4个小节，共145条子目。

二、适用范围

本章定额适用一般形式及张力牵引两种方式所进行的光缆、导线、避雷线拆除，牵、张场场地建设，耐张、转角塔导线拆开；及拆除过程中光缆、导线、避雷线跨越架设，耦合屏蔽线拆除，拦河线拆除等内容。

三、定额子目的工作内容说明

1．光缆、导线、避雷线拆除

光缆、导线、避雷线拆除定额分一般形式和张力牵引两种方式，根据相关的施工技术规程规范、批准的施工组织设计选取套用。

（1）一般导地线拆除。包括放、紧线准备，人力或机械牵引放线，信号联络，护线及杆塔监护，解开连接处，撤线，清理现场。其中避雷线和光缆拆除包括附件拆除（不含防振锤）。

（2）牵、张场场地建设。包括牵、张场场地人工平整和场内钢板、道木的铺设，材料及工器具转移。

（3）张力导地线拆除。包括导引绳、牵引绳的展放，导线、避雷线、光缆撤线准备，锚线，撤线，杆塔监护，设备、工具转移。其中避雷线和光缆还包括附件拆除（不含防振锤）。

包括牵张设备在施工过程中的装、拆和转移的消耗量。

（4）耐张转角塔导线拆开。包括现场布置，耐张转角塔锚固，导线耐张串拆离铁塔，满足拆线准备。

地线耐张转角塔挂线的工作包含在架线工作内。

2．光缆、导线、避雷线跨越架设

包括跨越铁路、一般公路、高速公路（含一级公路）、电力线及弱电线时，越线架的搭设、拆除，放、紧线时跨越架的监护；跨越河流时，利用船舶将导地线（或导引绳、牵引绳）引渡过河，在放紧线时进行分线和监护；材料和工器具移运。

3．耦合屏蔽线拆除

包括放线准备，人力或机械牵引放线，信号联络，护线及杆塔监护，耐张串拆除、接地连接线拆除，撤线，工器具转移。

4．拦河线拆除

包括拦河线（包括电杆）拆除，工器具转移。

5．本章拆除工作按破坏性拆除考虑

四、工程量计算规则

1．光缆、导线、避雷线拆除

（1）一般导地线拆除。

1）单根避雷线区分钢绞线和良导体，按不同截面套用子目，以单根避雷线的线路亘长“km”为计量单位。

2）导线区分不同导线截面及导线分裂数，以线路亘长“km/三相”为计量单位，“km/三相”为三相导线同时拆除。

（2）牵、张场场地建设。区分光缆和导线分裂数，以建设场地“处”为计量单位。其中牵、张场场地数量按施工组织设计要求计算，如没有规定，一般情况下平均导、地线按6km一处，光缆按4km一处计算。

（3）张力导地线拆除。

1）OPGW 光缆不分型号规格，综合以拆除光缆的线路亘长“km”计算。其他形式的光缆拆除按《电网拆除工程预算定额　第三册　通信拆除工程》执行。

2）单根避雷线区分钢绞线和良导体，按不同截面套用子目，以单根避雷线的线路亘长“km”为计量单位。

例如：两个避雷线拆除，套用避雷线数量×2，如果一根避雷线和一根OPGW，则分别套用单根避雷线加OPGW定额。

3）导线架设区分不同导线截面及导线分裂数，不分电压等级，以线路亘长“km/三相”为计量单位，“km/三相”为三相导线同时架设。

例如：某条220kV线路亘长100km，导线为LGJ-400，双地线为GJ-70。则导、地线拆除工程量为：导线100km/三相；地线100km×2=200km。

（4）导线、地线材料用量的计算。按设计采用的导、地线规格套用其单位重量计算。材料用量计算公式为

导、地线的材料用量=裸软导线、地线长度

×导、地线的单位重量

×（1+施工损耗率）　　（2-2）

其中：裸软导线、地线长度按送电线路设计用量计算，设计用量包括与电器连接应预留的长度和线路弧垂及跳线等长度。

2．耐张转角塔导线拆开

耐张转角塔导线拆开按电压等级及导线分裂数量划分，以“组”为计量单位，每个转角、耐张塔单侧单相为一组。

例如：某条单回线路含铁塔9基，其中直线塔5基，转角塔4基。则

耐张转角塔导线拆开工程量为：4（基）×3（三相/单回）×2（两侧）=24组。

3．光缆、导线、避雷线跨越架设

光缆、导线、避雷线跨越架设定额计量单位“处”，系指在一个档距内，对一种被跨越物所必须搭设的跨越架而言。如同一档距内跨越多种（或多次）跨越物时，应根据跨越物种类分别套用定额。

（1）跨越铁路、跨越公路、跨越高速公路按待建电压的等级，以跨越“处”为单位。

（2）跨越高压电力线，按拆除线路电压等级，以跨越“处”为单位。但是拆除线路跨越不同电压等级的电力线路时，按表2-4系数对定额进行调整。

表 2-4　　跨越系数调整表

拆除线路电压（kV）＼被跨越电力线（kV）	10	35	110	220	330	500	750
35	0.67	1	—	—	—	—	—
110	0.56	0.83	1	—	—	—	—
220	0.45	0.68	0.82	1	—	—	—
330	0.4	0.6	0.72	0.88	1	—	—
500	0.36	0.54	0.64	0.79	0.89	1	—
750	0.32	0.48	0.58	0.71	0.81	0.91	1

例如：拆除 500kV 线路要跨越 110kV 线路 1 处，则套用 500kV 跨越高压电力线定额乘以 0.64 系数。定额调整结果见表 2-5。

表 2-5　　跨越系数调整实例表　　元

定额编号	项 目 名 称	单位	基价	人工费	材料费	机械费	备注
CX3-89	跨越高压电力线 500kV	处	5091.06	3955.68	317.98	817.4	原定额
CX3-89 调	跨越高压电力线 500kV	处	3258.28	2531.64	203.51	523.14	调整后

（3）跨越河流。

1）区分导线截面及分裂数、河宽，以跨越数为计算单位。

2）单根避雷线和光缆只适用于单独架设时使用。

3）跨越河流架线定额仅适用于有水的河流、湖泊（水库）的一般跨越。在架线期间，凡属人能涉水而过的河道，或正值干涸时的河流、湖泊（水库）均不作为跨越河流计。对于水面宽度虽然不大，但属通航河道，必须采取封港手段或水流湍急及施工难度较大的峡谷，其跨越架设可按审定的施工组织设计，由工程主管部门另行确定。

（4）关于跨越其他使用说明。

1）跨越架设定额不包括被跨越物产权部门提出的咨询、监护、路基占用等，如需要时可按政府或有关部门的规定另计。

2）跨越铁路定额如遇电气化铁路时，跨越铁路定额乘以 1.2

系数。

3）单根线（避雷线、光缆）跨越架设只适用于单独架设或更换避雷线、光缆时使用。如避雷线和光缆随与导线同时拆除，则不需要再次套用定额，包括在相应电压等级导线拆除内。

4）跨越电力线定额是按停电跨越考虑的。如需带电跨越，另列带电跨越措施费，按表 2-6 规定计列。如被跨越电力线为双回路、多回路时，措施费均乘以 1.5 系数。单根线（避雷线、光缆）跨越架设按相应电压等级措施费的 10%计列。

表 2-6　　带电跨越措施费用表

电压（kV）	10	35	110	220	330	500	750
措施费（元/处）	3500	12000	20000	32000	45000	65000	100000

5）跨越架设定额按单回路线路建设考虑，若为同塔同时架设双回路、多回路时，人工、机械均乘以 1.5 系数。

4．耦合屏蔽线拆除

根据单双根屏蔽线截面，以架设耦合屏蔽线的亘长“km”为单位计算。

5．拦河线拆除

定额按河流宽度以拦河线设置“处”为单位计算，河两边为一处。

第4章　附件拆除工程

一、主要内容

本章包括绝缘子串拆除，导线悬垂线夹拆除，均压环、屏蔽环拆除，防振锤、间隔棒拆除，重锤拆除，阻尼线拆除，阻冰环拆除，耐张塔、转角塔跳线拆除，避雷器、在线监测设备拆除。分为9个小节，共94条子目。

二、适用范围

本章定额适用直线塔、直线换位塔及直线转角杆塔的单串、双串（包含V形、倒伞形等）绝缘子串拆除，单导线及多分裂导线悬垂线夹拆除，均压环、屏蔽环拆除，防振锤、间隔棒拆除，重锤拆除，阻尼线安装，阻冰环拆除，耐张塔、转角塔跳线拆除，避雷器、在线检测设备拆除。

三、定额子目的工作内容说明

（1）绝缘子串拆除。包括提线，绝缘子串拆除、工器具转移。

1）绝缘子串拆除适用于直线、直线转角及换位杆（塔）的绝缘子串拆除。

2）定额已综合考虑了瓷（瓷绝缘子或瓷横担、钢化玻璃绝缘子等）绝缘子串及合成绝缘子串的拆除。

3）定额综合了直线及直线换位杆塔的瓷（玻璃）绝缘子串、合成绝缘子串清洗、连接及测定、绝缘子串及滑车悬挂拆除（单串、双串）等工作内容。

（2）导线悬垂线夹拆除。包括提线，缠绕铝包带或缠绕预绞丝线夹的拆除、工器具转移。

导线悬垂线夹有两种，导线缠绕铝包带线夹和导线缠绕预绞丝线夹，二者只用其一，不得重复套用。定额已综合考虑了各种导线的截面面积，套用定额时不得因导线截面的不同进行定额调整。

（3）均压环、屏蔽环拆除。包括均压环、屏蔽环的拆除、工器具转移。

（4）防振锤、间隔棒拆除。

1）防振锤拆除。包括防振锤的拆除、工器具转移。

2）间隔棒拆除。包括利用飞车，拆除间隔棒，工器具转移。

（5）重锤拆除。包括高空拆除、利用机动绞磨和滑车组落至地面，工器具等转移。

（6）阻尼线拆除。包括阻尼线拆除，利用机动绞磨落至地面，工器具等转移。

（7）阻冰环拆除。包括吊装飞车拆除阻冰环，拆卸飞车及工器具转移等。

（8）耐张塔、转角塔跳线拆除。包括跳线拆除，现场工器具整理、转移。

（9）避雷器、在线监测设备拆除。包括现场布置，解引线、设备塔上拆除，工器具转移，清理现场。

（10）本章计量单位“单相”是指“每基单相”的拆除费用，套用定额时按不同项目名称分别套用定额。包括“绝缘子串悬挂”、“导线悬垂线夹拆除”、“均压环、屏蔽环拆除”、“重锤拆除”、“阻尼线拆除”定额子目。

（11）同塔非同时拆除或邻近有带电线路时，由于受已架设带电线路感应电等影响，在拆除其中一回线路时其定额人工、机械乘以 1.1 系数。

（12）本章拆除工作按破坏性拆除考虑。

四、工程量计算规则

1．绝缘子串拆除

定额分电压等级、绝缘子串配置形式，以“单相”为单位计算。

例如：拆除某 110kV 单回线路，其中直线塔 12 基，采用单串绝缘子串的 9 基，采用双串绝缘子串的 3 基。

（1）工程量计算。

1）套用拆除单串绝缘子串子目的数量为 9（基）×3（相/回）

=27（每基单相）；

2）套用拆除双串绝缘子串子目的数量为 3（基）×3（相/回）=9（每基单相）。

（2）定额套用情况见表 2-7。

表 2-7　　绝缘子串拆除定额子目套用情况表　　元

定额编号	项 目 名 称	单位	数量	基价	人工费	材料费	机械费
CX4-3	直线（直线换位）杆塔 110kV 单串	单相	27	12.13	7.78	0.00	4.35
CX4-4	直线（直线换位）杆塔 110kV 双串	单相	9	21.5	13.6	0.00	7.9

2．导线悬垂线夹拆除

导线缠绕铝包带线夹拆除、导线缠绕预绞丝悬垂线夹拆除分电压等级、导线分裂数以“单相”为单位计算。

例如：拆除某 220kV 线路工程，导线采用 2×LGJ-630/65 型，同塔双回路架设（同时）。铁塔共 68 基。其中：直线、直线转角杆塔 57 基，跨河直线塔 2 基（采用预绞丝）。

（1）工程量统计。因是同塔双回路同时架设，所以，每基导线悬垂线夹安装为 6 只。因此

“导线缠绕铝包带线夹安装”工程量为 57 基×6 只/基=342 只；

“导线缠绕预绞丝线夹安装”工程量为 2 基×6 只/基=12 只。

（2）定额套用情况见表 2-8。

表 2-8　　悬垂线夹拆除定额子目套用情况表　　元

定额编号	项 目 名 称	单位	数量	基价	人工费	材料费	机械费
CX4-28	直线（直线换位）杆塔 220kV 双分裂	单相	342	21.83	16.64	0.00	5.19
CX4-38	直线（直线换位）杆塔 220kV 双分裂	单相	12	26.16	24.96	0.00	1.2

3．均压环、屏蔽环拆除

均压环、屏蔽环安装分电压等级、直线杆塔、耐张杆塔，以“单相”为单位计算。

4．防振锤、间隔棒拆除

防振锤、间隔棒拆除区分导线分裂数，以“个”为单位计算。

良导体避雷线、地线的防振锤拆除套用单导线防振锤拆除定额。

5. 重锤拆除

重锤拆除区分重锤重量，以“单相”为单位计算。

6. 阻尼线拆除

定额按导线截面及导线分裂数区分，以“单相”为单位计算。

阻尼线拆除是按一般拆除情况考虑。遇到大跨越、大档距杆塔，需采用超长阻尼线（每相扎花边 13 个以上）时，其人工、机械按相应的定额乘以 3.0 系数。

7. 阻冰环拆除

定额按导线是否分裂区分，以“100 个”为单位计算。

8. 耐张塔、转角塔跳线拆除

定额按电压等级及导线的分裂数量区分，以“单相”为单位计算。

9. 避雷器、在线监测设备拆除

定额按避雷器电压等级区分，以“组/三只”为单位计算。

第5章 电缆拆除工程

一、主要内容

本章定额包括电缆拆除，电缆中间接头、终端头拆除，电缆附属工程。分为3个小节，共73条子目。

本章定额不包括电缆沟、隧道、电缆井、排管等以土建为主体的拆除。

二、适用范围

本章定额适用35～220kV电压等级、240～2500mm^{2}的电缆拆除，拆除方式分为沟槽直埋、电缆沟内、隧道内、排管内等4种情况，电缆中间接头、终端头拆除，接地装置安装、排管浇制及工作井、保护板及保护管敷设、电缆防火等其他电缆附属工程的拆除。

本章定额不适用电缆沟修复，电缆移出、复位的电缆迁改工程。

三、定额子目的工作内容说明

（1）电缆拆除。包括核对路径，沟槽清理，管道疏通，泵水，解开固定，牵引头安装，放、收钢丝绳，回收电缆、缠盘，现场清理，工器具转移。

（2）电缆中间接头、终端头拆除。包括解开电缆连接（含接地连接），割断电缆，绝缘剂回收，电缆密封处理。

（3）电缆附属工程拆除。

1）接地装置拆除。包括三相式直接接地箱、六相式直接接地箱、三相式经护层保护器接地箱、六相式经护层保护器接地箱、交叉互联箱、护层保护器拆除子目。

接线箱拆除及接地电缆、同轴电缆拆除，场地清理。

2）揭电缆保护板及保护管拆除。揭电缆保护板包括揭电缆直埋保护板、清理沟槽；电缆保护管拆除包括沟内清理、管材切割、保护管移出，场地清理。

保护板是用于直埋电缆，同一沟内拆除两根以上电缆需另套用 CX5-62 子目。如发生揭、盖电缆沟盖板则参照《电网技术改造工程预算定额》相关子目。

（4）电缆拆除过程中所发生的破路面、土方开挖工程量参照《电网技术改造工程预算定额》相关子目。其费用计入拆除工程本体。需要外运的残渣、残土则根据实际运输方式和运输方案执行《电网技术改造工程预算定额》，费用参照拆除物返库运输费执行。

（5）本章定额综合考虑电缆材质因素，不需调整。

（6）电缆及接地装置拆除按保护性拆除考虑。

（7）电缆头、电缆保护管及电缆防火按破坏性拆除考虑。

四、工程量计算规则

1．电缆拆除

电缆拆除按电缆实际长度，以“100m/三相”为单位计算，其中 35kV 电缆是按一根三芯统包考虑，110kV 和 220kV 电缆按一根单芯考虑。35kV 交联单芯电缆在套用定额时，采用相同截面的定额乘以 2 系数。

2．电缆中间接头、终端头拆除

电缆中间头以“套/三相”为计量单位。

3．电缆附属工程拆除

（1）接地装置拆除。以“套/三相”为单位。

（2）揭电缆保护板及保护管拆除。

1）保护板是用于直埋电缆，以“100m”为单位计算。

2）电缆保护管分为水泥压力管、无缝钢管、塑料管。可按管子外径，以“100m”为单位计算。

4．电缆防火拆除

电缆防火槽拆除以电缆长度“100m”为计量单位。

第三册 通信工程

册 说 明

一、编制依据

本册定额是根据国家和有关部门发布的设计标准、技术规程、规范、质量评定标准和安全技术操作规程，按拆除工程的施工条件及施工组织设计进行编制的。

二、编制的原则

本册定额所指的拆除是指对原有工艺系统的设备及附属系统进行部件拆除、清理，使之恢复原有功能或实现新增指标功能。不包括回收费用和残值。

1．本册定额考虑的工作内容

（1）现场勘察、进场及开工前的准备、工作票、措施票的办理。

（2）电力通信设备站内运输、堆放。

（3）电力通信设备拆除、余物清理。

（4）电力通信光（电）缆拆除。

（5）施工配合运行部门业务接入工作。

2．本册定额人工数量确定原则

（1）定额中每个工日按 8h 工作制计算。

（2）定额工日消耗量中已包括安全监护用工，以及因施工场地狭小、邻近设备带电而引起的人工、机械降效。

3．本册定额材料数量确定原则

（1）拆除定额中的材料用量已包括运输损耗和施工过程中的损耗。

（2）施工过程中所用的周转性材料如枕木、脚手架等均按摊销量计列。

4．本册定额机械数量确定原则

（1）定额中的机械是按正常合理的机械配备综合取定的，如实际与定额不一致时，除各册另有说明外，均不作调整。

（2）定额中未包括单位价值在2000元以内、使用年限在2年以内的不构成固定资产的工具、用具。

三、定额的结构

《电网拆除工程预算定额　第三册　通信工程》共分光纤通信数字设备、通信电源设备、微波、载波通信设备、配线架、设备电缆、程控交换设备、会议电话、电视设备、数据网通信设备、卫星通信甚小口径地面站（VSAT）设备及通信线路等9个章节，共356条定额子目。定额内容包括总说明、册说明、章节说明、定额项目表等，适用于35～750kV电网技改通信工程的拆除。

总说明是对技术改造工程预算定额体系的构成、编制原则以及本套定额体系共性问题进行的说明；册说明是对本册定额适用范围、编制依据以及本册定额共性问题进行的说明；章节说明是对本章节内容范围、未包括内容、工程量计算规则、定额使用及调整等问题进行的说明。各章名称及子目统计见表3-1。

表3-1　　各章名称及子目统计表

章　名　称	子　目　数	备　注
第1章　光纤通信数字设备	18	
第2章　通信电源设备	14	
第3章　微波、载波通信设备	26	
第4章　配线架、设备电缆	29	
第5章　程控交换设备	9	
第6章　会议电话、电视设备	16	
第7章　数据网通信设备	11	
第8章　卫星通信甚小口径地面站（VSAT）设备	4	
第9章　通信线路	45	
合　计	356	

四、定额水平

1. 价格水平取定原则

拆除定额的人工包括基本用工和其他辅助用工。分为普通工和技术工，分别以普工工日和技工工日表示。

普工工日单价为 34 元/工日，技工工日单价为 53 元/工日。

计价材料单价按照“2009 年电力行业材机库”价格取定。

机械台班单价按照“2009 年电力行业材机库”价格取定。

2．定额项目设置与消耗量水平

本册定额项目设置反映实际工程情况，充分考虑拆除工程的实际工艺特点、工程设计及现场施工条件，在此基础上取平均水平。

五、定额的使用范围及作用

本册定额针对 35～750kV 电网拆除工程特有内容进行编制，适用于电力专用通信网通信设备和通信线路的拆除。

本册定额是 35～750kV 电网拆除工程计划及预算编制的依据，也是拆除工程标底编制和投标报价、项目结算的参考依据。

第 1 章　光纤通信数字设备

一、主要内容

本章定额主要包括光传输设备拆除、基本子架及公共单元盘拆除、网络管理设备拆除、同步网设备拆除、数字交叉连接（DXC）设备拆除。分为 5 个小节，共 18 个子目。

二、适用范围

本章定额适用于 35～500kV 电网通信站的光传输设备拆除，未包括连接设备所用的电缆（线）的拆除，设备拆除定额工作内容均未包括电源电缆（线）的拆除。

三、定额子目工作内容的说明

（1）光功率放大器拆除综合考虑了光纤、拉曼、半导体放大器等情况，无特殊要求定额不作调整。

（2）光纤通信数字设备拆除不得因长途、市话、场地、厂家的不同而作调整。

四、定额子目工程量计算规则的说明

脉冲编码调制（PCM）设备拆除按 32 个支路（每个支路 64kbit/s）的复用设备考虑。

第2章 通信电源设备

一、主要内容

本章定额包括蓄电池拆除、高频开关电源拆除、配电设备拆除。分为3个小节，共14个子目。

二、适用范围

本章定额适用于35～500kV电网通信站的通信电源设备拆除，未包括设备电源电缆（线）的拆除。

第3章　微波、载波通信设备

一、主要内容

本章包括抛物面天线拆除（ϕ2m以下）、抛物面天线拆除（ϕ4m以下）、馈线、分路系统拆除、微波设备拆除、电力载波设备拆除。分为5个小节，共26个子目。

二、适用范围

本章定额适用于35～500kV电网通信站的微波、载波通信设备拆除，未包括铁塔防雷、避雷装置的拆除、铁构件拆除。

三、定额子目工作内容的说明

（1）抛物面天线楼顶上拆除已包括天线搬运用工。

（2）铁塔上拆除天线，不论有无操作平台均按本定额执行。

（3）天线铁塔上安装不包括铁塔的及铁塔基础的拆除，发生时套用《电网拆除工程预算定额　第二册　送电线路工程》相关子目。

（4）与电力载波设备配套的载波高频通道加工设备（阻波器、滤波器及耦合电容器等）拆除、高频电缆线拆除套用《电网拆除工程预算定额　第一册　电气工程》相关子目。

四、定额子目工程量计算规则的说明

（1）抛物面天线拆除，以“面”为计量单位，安装高度均指天线底部距地面的高度。

（2）馈线安装，以“100m”为计量单位，计算工程量时不得含天线所带馈线的长度。

第 4 章　配线架、设备电缆

一、主要内容

本章包括光（数字）配线架拆除、音频配线架拆除、分线设备拆除、辅助设备拆除、设备电缆拆除。分为 5 个小节，共 29 个子目。

二、适用范围

本章定额适用于 35～500kV 电网通信站的机架、机座、底座、配线架等辅助设备拆除，未包括电缆槽道支、吊架拆除。

三、定额子目工作内容的说明

（1）电缆槽道、走线架定额中不包括通过沉降缝、伸缩缝和要做特殊处理的费用，实际发生时，可计入其他费用中。

（2）光配线架、数字配线架仅为单独拆除时使用，与设备同时拆除时套用相应设备基本子架定额子目。

（3）滑梯、测量台、业务台、辅助台、总信号灯盘定额子目均按成品考虑，如为现场制作安装时，应根据实际拆除项目套用相应定额子目。

四、定额子目工程量计算规则的说明

（1）保安单元工程量原则上由设计提供，如设计未提供工程量时，可按每 4 个保安单元/100 回线计算工程量。

（2）拆除设备电缆、高频屏板电缆、同轴电缆、设备导线、电视、电话、以太网线，均以“100m”为计量单位。定额已综合各种规格型号、电缆芯数，使用时不做调整。

第5章 程控交换设备

一、主要内容

本章包括程控电话交换设备拆除、电力调度程控交换机拆除。分为2个小节，共9个子目。

二、适用范围

本章定额适用于35～500kV电网通信站的机架、机座、底座、配线架等辅助设备拆除，未包括电缆槽道支吊架拆除。

三、定额子目工作内容的说明

电话交换设备和电力调度程控交换机拆除均未包括机架拆除，发生时套用本册第4章相关子目。

四、定额子目工程量计算规则的说明

用户集线器（SLC）设备，以“500线/架”为计量单位，定额单位“线”是指门数。1000线以内的程控交换设备定额不做调整；大于1000线的程控交换设备，按实际容量减500再除以500的比值并乘0.8系数。

第6章　会议电话、电视设备

一、主要内容

本章包括会议电话、电视设备拆除、视频监控设备拆除。分为5个小节，共16个子目。

二、适用范围

本章定额适用于35～500kV电网通信站的会议电话、电视设备拆除，未包括设备间电缆及导线拆除，分线设备的拆除。

三、定额子目工作内容的说明

摄像机、云台、前端监视器定额子目均综合考虑了型号、拆除方式，使用时不作调整。

四、定额子目工程量计算规则的说明

摄像机、云台，以“台”为计量单位，与摄像机一体的云台，不再计列云台的拆除费。

第 7 章　数据网通信设备

一、主要内容

本章包括路由器、交换机、服务器拆除；宽带接入设备拆除；防火墙、存储设备拆除。分为 3 个小节，共 11 个子目。

二、适用范围

本章定额适用于35～500kV 电网通信站的数据网通信设备拆除，未包括设备间电缆及导线拆除。

三、定额子目工作内容的说明

交换机、路由器、宽带接入设备等接口板适用于接口板单独拆除的情况，与设备同时拆除时不得重复计算。

四、定额子目工程量计算规则的说明

（1）路由器以“台”为计量单位。交换容量小于 25Gbit/s 的路由器套用低端路由器；交换容量小于 40Gbit/s 的路由器套用中端路由器；交换容量大于 40Gbit/s 的路由器套用高端路由器。

（2）局域网交换机以“台”为计量单位。交换容量小于 32Gbit/s 的交换机套用低端交换机；交换容量小于 250Gbit/s 的交换机套用中端交换机；交换容量大于 250Gbit/s 的交换机套用高端交换机。

第 8 章　卫星通信甚小口径地面站（VSAT）设备

一、主要内容

本章包括卫星通信设备拆除，共 4 个子目。

二、适用范围

本章定额适用于35～500kV电网通信站的卫星通信甚小口径地面站（VSAT）设备拆除，未包括设备间电缆及导线拆除。

三、定额子目工作内容的说明

卫星通信天馈线拆除套用本册第 3 章相关定额子目。

第9章 通信线路

一、主要内容

本章包括电杆、吊线拆除、光缆拆除、电缆拆除、管道光（电）缆拆除、光缆接续拆除、光缆成端拆除、电缆接续拆除、保护管拆除、揭（盖）盖板。分为8个小节，共45个子目。

二、适用范围

本章定额适用于35～500kV电力通信网通信线路的拆除，未包括管道支吊架等铁构件拆除和OPGW光缆拆除。

三、定额子目工作内容的说明

（1）OPGW（架空复合地线）光缆的拆除、铁塔及基础拆除、工地运输、土石方工程套用《电网拆除工程预算定额　第二册　送电线路工程》。

（2）拆除水泥杆定额中已含挖坑土石方，但不包括余土外运和底盘、卡盘等附件的安装，实际发生时套用《电网拆除工程预算定额　第二册　送电线路工程》。

（3）管、钢管、引上钢管的拆除定额已综合各种规格、型号，使用时定额不做调整，材料按实计取。

四、定额子目工程量计算规则的说明

各种管道拆除，均按设计管道中心线长度计算，不扣除管件及井室所占长度。